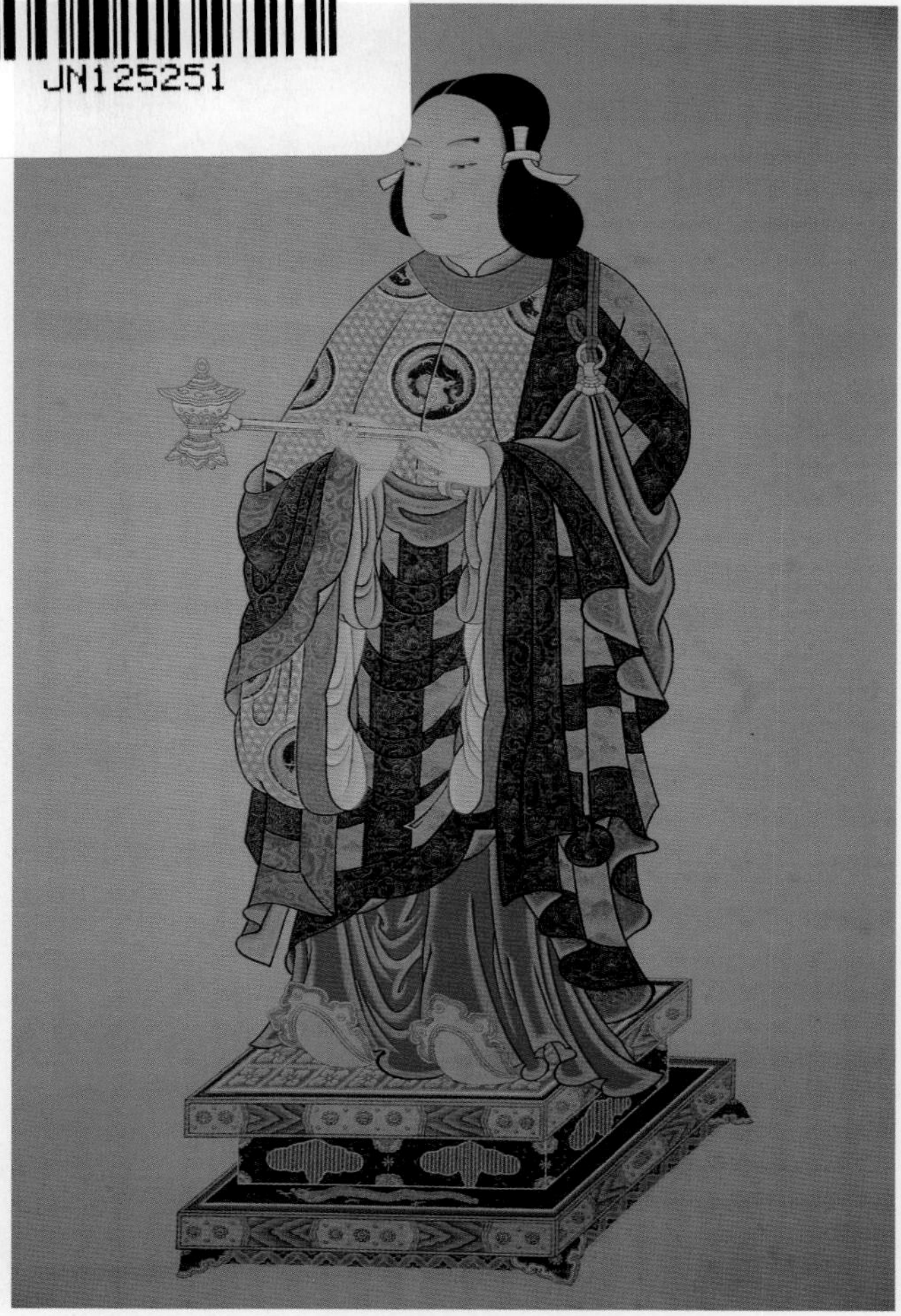

聖徳太子影像〔太子孝養像〕(東本願寺蔵)

南無仏太子像〔太子二歳像〕（井波別院瑞泉寺蔵）

目次

はじめに――さまざまな聖徳太子像

日本の歴史上で、聖徳太子《しょうとくたいし》ほど有名な人物はいないでしょう。そして多くの方が、その名前を聞けば、旧一万円札などを連想しつつ、顔やすがたを思い浮かべることができるのではないでしょうか。しかし、旧紙幣《きゅうしへい》での太子像のモデルになった肖像《しょうぞう》と、現在の浄土真宗の寺院にかけられている絵像《えぞう》とを見比べると、まったく異なることに気づかされます。

古くより太子は、時代状況や人々の要求に応じ、さまざまな像（イメージ）が築かれてきました。各時代のモデルとなった肖像・絵像もそ

聖徳太子二王子像（奈良県　法隆寺蔵）

の一つです。また、その生涯や生きざまに関しても、さまざまな逸話《いつわ》や伝承が残されています。その代表的なものが「一度に十人（もしくは八人）の話を聞いた」といった超人的な聖者像でしょう。近代以降になると、日本の国をひとつにまとめた理想的な政治家、人物としての太子のすがたが強調されていきます。また、文学や歴史研究の分野で人間的な太子を描こうとする流行も起こります。

その一方で、仏教徒の間では、平和な世をつくるために『十七条憲法《じゅうしちじょうけんぽう》』を制定するなど、仏教精神にもとづく政治をおこなった人物として尊敬されてきました。そしてことに浄土真宗においては、宗祖親鸞聖人《しゅうそしんらんしょうにん》の仰《あお》がれた仏教者として大切にされてきたのです。

ところが近年、歴史研究の進展によって、これまでの太子像の見直し

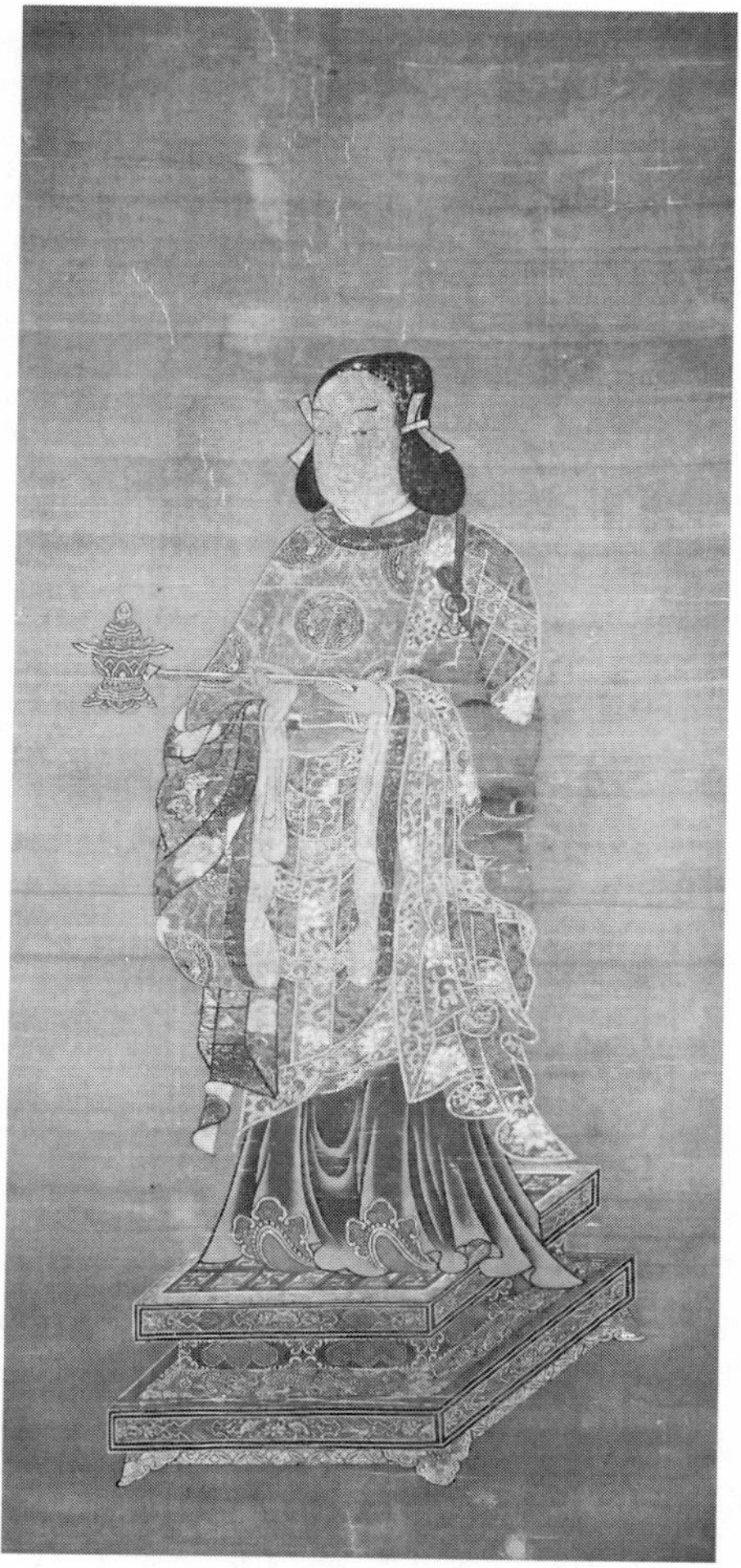

真宗寺院の太子孝養像（滋賀県　真光寺蔵）

が迫られ、その存在までもが虚構（フィクション）ではないかと問われるようになりました。

その問いから起こったのが、教科書での呼び名をめぐる議論です。そこでは「〝聖徳太子〟は後《あと》からつくり出された呼称なので〝厩戸《うまやど（うまやと）》王（厩戸皇子）〟と表記すべき」といった意見も出されましたが、結局は「聖徳太子」と表記することが一応の落ち着きどころとなっています。この呼び名の問題は、これまでにつくられてきたイメージにもとづく太子像と、歴史学によって新たに解明されてきた太子像とが、十分におり合いがついていないということを物語っています。

現代に生きる私たちは、今、太子をどのように受けとめればよいのでしょうか。実のところ、太子には決定的な伝記はなく、生没年にも諸説があります（通説は五七四〜六二二年）。

太子の生涯についてのもっとも古い史料といえるものは、七二〇（養老四）年に完成したと伝わる『日本書紀《にほんしょき》』です。そのなかには、現在では歴史的に事実とされていない事柄や、自国中心主義的な歴史観にもとづく記述もふくまれますが、この『日本書紀』が土台となって、古代から中世にかけて数々の太子伝がつくられてきました。そしてそれらの太子伝が絵伝となって絵解《えと》きがなされるようにもなり、次第に宗派や立場を越えて多くの民衆の間に信仰が広まっていくことになりました。

本書では、まず現代の私たちにまで伝わったさまざまな太子の事績《じせき》をたどり、そのうえで親鸞聖人が出遇《であ》った太子、浄土真宗のなかで伝えられてきた太子像をたずねていきます。本書をとおして、一人ひとりにおいて太子と出遇い直す機縁が開かれることを願っています。

コラム1

聖徳太子は〈実在〉した？

聖徳太子の実像をたずねるときに、一番の基礎史料となるのは『日本書紀《にほんしょき》』（七二〇年成立）です。推古《すいこ》朝を中心とする太子の伝記が描かれており、それがベースとなって、後世に数々の太子伝や研究書などが生み出されてきました。

しかし、この『日本書紀』には、実は太子の生年に関する記述がありません。そのため、現在広く浸《しん》透《とう》している五七四（敏達《びだつ》三）年に誕生したとする説は、後世に編まれた『上宮聖徳法王帝説《じょうぐうしょうとくほうおうていせつ》』などにもとづいています。また没年は、『日本書紀』には六二一（推古二十九）年と記されていますが、こちらも『上宮聖徳法王帝説』などにもとづき、六二二（推古三十）年が通説となっています。

そして近年では、『日本書紀』に由来する太子像に対し、「虚構ではないか」という衝撃的な問いが投げかけられるようになりました（大山誠一『〈聖徳太子〉の誕生』吉川弘文館、一九九九年など）。歴史上に実在したのは「厩《うまや》戸《ど》王」という王族であって、「聖徳太子」という聖人《せいじん》の〈実在〉を証明する史料は一つもないというのです。やがてこの問題提起は、教科書での呼び名をめぐる問題にまで発展していくことになります。

二〇一七（平成二十九）年、文部科学省より学習指導要領の改訂に際して、小学校用の教科書では「聖徳太子（厩戸王）」、中学校用では「厩戸王（聖徳太子）」と表記する方針が打ち出されました。

ところが、その後、多くの批判や反論を受けて再検討されることになり、結果的には小学校用・中学校用ともに「聖徳太子」と表記することになりました。そして、中学校用では、古くは「厩戸皇子」などと表記され、のちに「聖徳太子」と称されるようになったことに触れることになりました。

私たち真宗門徒においては、宗祖親鸞聖人が「和国の教主聖徳《きょうしゅしょうとく》皇《おう》」と讃仰《さんごう》した太子、そして教えとともに太子を語り継いできた人々は、まちがいなく〈実在〉します。太子のことを考える時、まず大切にしなければならないのは、その伝統ではないでしょうか。

一　聖徳太子の生涯（上）

――仏縁と争乱のなかで

誕生　聖徳太子は、今から一四〇〇年以上前の飛鳥時代《あすかじだい》の人です。敏達《びだつ》天皇（?〜五八五）の弟で、のちに用明《ようめい》天皇（?〜五八七）となる橘豊日大兄皇子《たちばなのとよひのおおえのおうじ》の皇子として、五七四（敏達三）年、飛鳥の地（奈良県明日香村《あすかむら》）に誕生しました。「厩戸《うまやど》皇子《（うまやと）》（厩戸王）」と名づけられましたが、この名は、母である穴穂部間人皇女《あなほべのはしひとのひめみこ》が馬小屋の前で出産したことによるとされています。誕生の地は現在の橘寺《たちばなでら》（明日香村）といわれており、また居住した上宮は「上之宮《うえのみや》」（奈良県桜井市）という地名として今に伝わっています。

太子が生まれた時代は、五三八（欽明七）年に朝鮮半島の百済《くだら》から伝来（公伝《こうでん》）した仏教の受容をめぐって、新たに伝わった仏教を重視しようとする「崇仏派《すうぶつは》」と、古くからの神への信仰を重視する「排仏派《はいぶつは》」が

太子誕生（『聖徳太子絵伝』、愛知県　本證寺蔵）

対立していました。崇仏派の大臣《おおおみ》・蘇我稲目《そがのいなめ》（?～五七〇）は物部《もののべ》氏ら排仏派との対立を続けながら、自らの娘を欽明《きんめい》天皇の妃《きさき》にするなど、天皇家との関係を強めていきました。この仏教の受容と興隆の姿勢は、稲目の子である蘇我馬子《うまこ》（?～六二六）にも受け継がれていきます。

馬子の時代になると、蘇我氏は、さらに多くの皇子や皇女たちと血筋で結びつくようになりました。太子にとっても馬子は大叔父にあたりました。こうした崇仏派蘇我氏との強いつながりもあって、太子は仏教が身近に感じられる環境のなかで育ったのです。

幼少期　太子が、幼い頃から仏教に親しんでいたことを示す伝承があります。二歳の太子が、釈尊入滅《しゃくそんにゅうめつ》の日（二月十五日）に赤い袴《はかま》姿で東に向かって合掌し「南無仏」と称《とな》えたというのです。これも、太子が仏

合掌する二歳の太子（『聖徳太子絵伝』、愛知県　本證寺蔵）

縁に恵まれて育ったことがうかがわれる伝承といえるでしょう。

また、蘇我氏が百済など朝鮮半島からの渡来人《とらいじん》と親しかったこともあり、太子には早くから半島の文化や渡来してきた僧たちと接する機会があったようです。少年となった太子を見た百済の僧・日羅《にちら》が、そのすがたを世を救う観音、救世《くせ》観音のようだと讃《たた》え、礼拝したという話も伝えられています。太子は仏教と深いつながりをもちながら成長したのです。

崇仏派と排仏派との争い　五八七（用明二）年、父の用明天皇は即位してわずか二年で病没します。浄土真宗の寺院に安置されている「太子孝養《きょうよう》像」は、この時、太子が袈裟を着用して柄香炉《えごうろ》を手にし、仏教を敬いながら父の病気平癒《へいゆ》を願うすがたとされています。

用明天皇の死後、皇位の継承をめぐって蘇我馬子ら崇仏派と物部守屋《もりや》

蘇我氏と物部氏の争い（『聖徳太子絵伝』、愛知県 本證寺蔵）

ら排仏派の対立が激しくなり、ついに戦いがはじまることになります。この戦いの場には太子も身を置いていました。崇仏派が苦戦したとき、太子はみずから彫った四天王《してんのう》の像を掲げ、寺院の建立を誓ったともいわれています。この時の誓いにしたがって、のちに建立されたのが摂津難波の四天王寺であるとされています。

崇仏派の勝利によって仏教廃滅《はいめつ》の危機は去りました。しかし馬子に対抗する勢力もいなくなり、朝廷では蘇我氏の力がますます強くなりました。このように、太子が青年期を過ごした当時の日本は、国内に蘇我氏の強大化と天皇の力の弱体化という問題がありました。また、対外的にも大陸中国を統一した大国・隋《ずい》の出現や朝鮮半島における情勢の変化など、さまざまな問題をかかえていました。

摂政　太子が二十歳となった五九三（推古元）年、その前年に即位した、敏達天皇の妃《きさき》で太子の叔母にあたる推古《すいこ》天皇（五五四〜六二八）は、聡明《そうめい》なことで知られていた太子を皇太子の位につけ、「摂政《せっしょう》」として政治の全てをゆだねると宣言しました。太子は、天皇を補佐し、蘇我馬子ら群臣と協力して、国内外の困難な問題に向き合っていく役割を担うことになったのです。

三宝興隆《さんぼうこうりゅう》の詔《みことのり》　太子が摂政になった翌年の五九四（推古二）年、「三宝興隆の詔」が発布されました。ひろく仏・法・僧に帰依する姿勢を示し、国として仏教を興隆することが宣言されたのです。また同時にそれは、東アジアの多くの国々にひろまっている仏教のネットワークに連《つら》なることで、新たな外交の展開と、大陸文化を受け入れていく道をひらくことをも意味していました。

太子は、蘇我氏が建立した飛鳥寺《あすかでら》（法興寺《ほうこうじ》）に朝鮮半島から渡来した僧侶が迎えられると、その一人である高句麗《こうくり》の僧・恵慈《えじ》を師としました。天皇と蘇我氏のはざまに身を置きながら、太子の新しい国づくりがはじまったのです。

六〇一（推古九）年、太子は飛鳥から離れた斑鳩《いかるが》の地（現 奈良県生《い》駒《こま》郡斑鳩町）に宮を建て、六〇四（同十三）年にこの地に移り住みます。斑鳩は、飛鳥から大和川《やまとがわ》に沿って難波や河内《かわち》（現 大阪府）の港に通じる大切な場所でした。海外との交流をも見すえた政治をおこなう拠点として、最良の地だったのです。

外交　太子が政治にたずさわるまでの外交は、朝鮮半島の国々が主な相手であり、時としてそれらの国と深く関わり、対立することもありました。また、百済と蘇我氏のように、有力豪族《ごうぞく》が独自の外交のルートをもっている場合もありました。

六〇〇（推古八）年、「倭国《わこく》」と呼ばれていた日本からの外交使節が隋に到着しました。これが太子による外交使節「遣隋使《けんずいし》」のはじまりと考えられています。有名な「日出《ひぃ》づる処《ところ》の天子《てんし》、書を日没《ひぼっ》する処の天子に致《いた》す、恙《つつが》なきや」という文は、二度目の遣隋使・小野妹子《おののいもこ》に託した国書《こくしょ》に記《しる》されていました。この時に派遣された僧侶や留学生たちは、隋の進んだ制度や技術、仏教文化などを持ち帰り、帰国後、重要な役割を果たすことになります。

コラム2

太子と国家

太子の生きた飛鳥時代は、まだ「日本」という国家は成立していませんでした。大王家《おおきみ》（のちの天皇家）と蘇我《そが》氏・物部《もののべ》氏などとの連合政権によって統治がなされていたのです。その大王家の一族、つまり今で言う皇族の子息として生まれたのが厩戸《うまやど》皇子で、その人物が後代には「聖徳太子」として讃仰されるようになりました。

太子と国家との関係が特に強く結びつけられるようになったのは、近代的な国家の誕生した明治期以降です。西洋の列強諸国と結んだ不平等条約に悩まされていた日本国のなかに、太子を政治家として仰ぐ風潮が生まれてきます。平和な国づくりを願って『十七条憲法』を制定し、隋《ずい》という強大国との対等な外交を実現させたと伝わる太子は、〝理想的な政治家の鑑《かがみ》〟として見いだされたのでした。

昭和期に入ると太子は、紙幣《しへい》の顔にもなっていきますが、その際にモデルとなったのは、頭に冠《かんむり》をつけて手に笏《しゃく》をもった古代の政治家を彷彿《ほうふつ》とさせる肖像でした。その容貌《ようぼう》は明治天皇に似せたともいわれますが、まさに太子は日本国家の「顔」となったのです。

その一方で、明治初期の廃仏毀《はいぶつき》釈《しゃく》によって打撃を受けた仏教界は、そこから立ち上がるための依りどころとして、仏法興隆に尽力したと伝わる太子の顕彰《けんしょう》に力を注ぎました。真宗教団において太子は、三宝《さんぽう》に帰依した在家仏教者としてますます尊重されていきますが、次第に国粋《こくすい》主義の空気のなかに取り込まれていきます。特に太平洋戦争の頃には、『十七条憲法』の「篤《あつ》く三宝《さんぽう》を敬え」などを根拠として、太子は仏法と天皇制国家とを切り結ぶ存在となっていきました。

太子の千四百回忌を迎えた今、平和な世を願い、仏教の精神にもとづく国づくりを目指した太子のこころを、あらためてたずねなければなりません。

二　聖徳太子の生涯（下）

――仏教がひろまる国へ

冠位十二階と十七条憲法《かんいじゅうにかいとじゅうしちじょうけんぽう》　太子が政治に参加するまで朝廷の役職は、有力な豪族ら群臣による世襲で占《し》められていました。そうした出自にかかわらず人物を用いることのできる「冠位十二階」という制度が、六〇三（推古十一）年に定められました。これによって、新しい国づくりのために多様な人物が登用されるようになりました。

この日本最初の官位制度を定めたのち、六〇四（推古十二）年、太子は日本ではじめての憲法である『十七条憲法』（「憲法十七条」、真宗聖典九六三～九六六頁）を定め、国づくりにかかわる役人たちに示しました。

その第一条には、有名な「和《やわ》らかなるをもって貴しとし、忤《さか》うること無きを宗《むね》とせよ」と、互いをみとめ合いながら国をつくっていこうという、太子の高い理想が掲げられていました。

『十七条憲法』の制定（『聖徳太子絵伝』、愛知県 本證寺蔵）

また第二条には、「篤《あつ》く三宝《さんぼう》を敬え。三宝とは仏《ほとけ》・法《のり》・僧《ほうし》なり」と、「和」のよりどころとなるものは仏陀《ぶっだ》（仏）、仏の教え（法）、仏の教えを奉じる者の集《つど》い（僧）の三つであると記されています。人々とともに、三宝に依りながら進んでいこうと、太子はよびかけているのです。

この「和らかなるをもって貴しとし（和《わ》を以て貴しとし）」は、もともと中国で使われていた儒教《じゅきょう》の言葉とされています。そこでの「和」は、社会の階級制度や秩序を重んじ、それらを守ることで成り立つという、社会道徳を教えるものでした。しかし、太子は一人ひとりが「三宝」を尊び、仏教がひろまる国となることで本当の「和」が成り立つと考えたのです。

また、「我是《よみ》すれば彼《かれ》は非《あしみ》す。我必ず聖《ひじり》に非《あら》ず。彼《かれ》必ず愚《おろ》かに非《あら》ず。

共に是《こ》れ凡夫《ただひと》ならくのみ」（第十条）、あるいは「春より秋に至るまでに、農桑《なりわいこかい》の節《とき》なり。民《おおみたから》を使うべからず。其《そ》れ農《なりわい》せずは何をか食《くら》わん。桑《こかい》せずは何をか服《き》ん」（第十六条）と、身分に関係なく人は誰でも愚かな凡夫《ぼんぶ》（ただびと）であること、そしてこの国に生きるあらゆる人々を大事にしなければならないことが記されています。これらの言葉にも、太子の伝えようとした「和」の内容が示されているといえるでしょう。

この『十七条憲法』は、太子の時代にあっては主に国づくりにかかわる役人に向けてのものでした。しかし、そこに込められた太子の仏教を興隆しようとする精神と人々へのまなざしは、やがて時代を超えて、あらゆる人々を導く言葉として伝えられていくことになります。

寺院の建立　崇仏派が勝利して以後、日本でも本格的な伽藍《がらん》をもつ寺院の建立がはじまりました。蘇我氏による飛鳥寺をはじめ、豪族による氏《うじ》寺《でら》が建立されるようになりました。

太子もまた、六〇七（推古十五）年頃までに斑鳩宮《いかるがのみや》の近くに「法隆《ほうりゅう》寺《じ》（斑鳩寺、若草伽藍《わかくさがらん》）」を建立しました。これと前後して、推古元年に難波《なにわ》に「四天王寺《してんのうじ》」を建立したとも伝えられ、ここにつくった四箇院《しかいん》（敬田院《きょうでんいん》・施薬院《せやくいん》・療病院《りょうびょういん》・悲田院《ひでんいん》）は日本最初の社会事業施設とされています。

他にも太子を偲《しの》んでつくった「天寿国繡帳《てんじゅこくしゅうちょう》」を伝える中宮寺《ちゅうぐうじ》（斑鳩町）、太子が『法華経《ほけきょう》』を講じたという岡本宮《おかもとのみや》跡に立つ法起寺《ほっきじ》（同）、太子生誕の地と伝わる橘寺《たちばなでら》など「太子建立七大寺」に代表される、太

寺院の建立（『聖徳太子絵伝』、愛知県　本證寺蔵）

子とその一族ゆかりの寺院や史跡が各地に残されています。

三経義疏《さんぎょうぎしょ》　六〇六（推古十四）年、三十三歳の太子は推古天皇の求めに応じて『勝鬘経《しょうまんぎょう》』を講説しました。のちに太子は『維摩経《ゆいまきょう》』と『法華経』も講じたとされています。いずれの経典にも、人々がともに仏道をあゆむことをめざす大乗仏教の大切な内容が説かれており、また『勝鬘経』と『維摩経』は、それぞれ、釈尊の教えを聞いた在家の女性と男性が主人公となっています。この三つの経典を注釈した書は「三経義疏」と総称され、太子撰述として法隆寺に伝えられています。

日本に伝来した仏教は、仏典ならば漢字文化、仏像ならば彫像《ちょうぞう》や絵《かい》画《が》技術、寺院ならば建築技術というように、それぞれに関連する技術や学問といった、さまざまな文明的要素とかかわりの深い存在としてもた

『勝鬘経』を講讃する太子（『光明本尊』部分、福島県　光照寺蔵）

らされたものでした。蘇我氏などによる仏教の尊重はこの文明としての仏教受容が主で、寺院の建立はそうした文明を保持するみずからの権威を象徴するものだったと思われます。

しかし太子は、文明としての仏教受容にとどまることなく、経典に書かれた教えの講説などを通して、仏教本来のすがたを確かめていこうとしました。寺院や仏像などの形にあらわされた文化文明としての仏教の奥底に真実の教えがあることを、太子は重視したのです。

太子の死　太子の遺訓《いくん》として後世に伝えられた言葉があります。妃《きさき》であった橘大郎女《たちばなのおおいらつめ》が太子を偲《しの》んでつくらせたという「天寿国繍帳《てんじゅこくしゅうちょう》」（天寿国曼荼羅《まんだら》繍帳）の銘文の一節には、有名な「世間虚仮《せけんこけ》　唯仏是真《ゆいぶつぜしん》」の言葉が見えます。

我大王所告　世間虚仮　唯仏是真　玩味其法　謂我大王　応生於天寿国之中

（我が大王《おおきみ》〔太子〕の告ぐるところ、世間は虚仮《こけ》、唯《ただ》仏のみ是《こ》れ真《まこと》なりと。その法を玩味《がんみ》するに、謂《おも》えらく、我が大王は応《まさ》に天寿国〔浄土〕のなかに生まれてあるべし）

世間すなわち現実社会のことはすべて虚《むな》しい仮《かり》のものであり、ただ仏の教えのみが真実である、と。太子は、仏の教えにもとづいて現実を生きた自身の生き方を、この言葉に託したのでしょう。

六二二（推古三十）年一月、前年十二月に母を亡くした太子は病《やまい》の床《とこ》に臥《ふ》しました。看病をしていた妃《きさき》・菩岐岐美郎女《ほききみのいらつめ》（膳夫人《かしわでぶにん》）が死

磯長叡福寺（『摂津名所図会　二』、国立国会図書館蔵）

去した翌日の二月二十二日、太子は四十九歳でその生涯を終えました。

太子の死を知った国中の人々は、釈尊の入滅を目の当たりにした仏弟子たちのように泣き叫んだと伝えられています。

太子と菩岐岐美郎女の遺体は、太子の母・穴穂部間人皇女《あなほべのはしひとのひめみこ》の墓所として造営されていた河内国磯長《しなが》の御廟《ごびょう》に合葬されました。

この埋葬のしかたは「三骨一廟《さんこついちびょう》」と呼ばれています。
太子が自身の墓所として選んだとも伝わる磯長廟の地は、父の用明天皇の陵《みささぎ》（墓）に近く、のちに叔母である推古天皇の陵も造られました。現在、叡福寺《えいふくじ》（大阪府南河内《みなみかわち》郡太子《たいし》町）の境内にある古墳《こふん》が太子の墓とされています。

現在の法隆寺金堂《こんどう》の本尊である「釈迦三尊像」の光背《こうはい》に記されている銘文には、この像が最初は太子の病気回復を願い、その没後は太子を追悼することを目的としてつくられたという由来が記されています。

上宮《じょうぐう》王家の終焉《しゅうえん》　法隆寺は隣接する斑鳩宮とともに太子の長子・山《やま》背大兄王《しろのおおえのおう》に受け継がれました。しかし、六四三（皇極二）年、山背大兄王ら太子の子孫は馬子の孫・蘇我入鹿《いるか》によって滅ぼされ、太子が一代で築いた上宮王家はここに終わりを迎えます。

仏教興隆の象徴であり、また血筋でも結びついていた上宮王家を滅ぼした蘇我氏は、のちの乙巳《いっし》の変《へん》（六四五年）で入鹿が暗殺されると衰退に向かいます。この時にはじまる「大化《たいか》の改新」では、太子がはじめた遣隋使などの制度のもとで育った人々が大きな役割を果たしました。やがて、日本が仏教国として新たな時代を迎えた頃、厩戸皇子は「聖徳太子」と尊称されるようになっていったのです。

太子の葬送と上宮王家の終焉
（『聖徳太子絵伝』、愛知県 本證寺蔵）

コラム3

三宝

聖徳太子が制定したと伝えられる『十七条憲法』の第二条は、「篤《あつ》く三宝《さんぽう》を敬え」という言葉からはじまっています。

ここにある「三宝」とは、さとりをひらいた者（仏宝）と、その仏の教え（法宝）と、仏の教えを学び修める者たちの集まり（僧宝）のことです。

この「三宝」に帰依するということは、仏教徒における出発点であり、基本です。またそれによって、私たちの生きていく依りどころと方向とが見いだされたことをあらわします。

「三宝」については、宗派によってさまざまな受けとめがあります。真宗では、南無阿弥陀仏の名号が現実の世界にはたらくすがたとして受けとめられてきました。

そのことを一つひとつに見ていきますと、「仏」とは南無阿弥陀仏の法に目覚めた方（釈尊や諸仏）、「法」とは南無阿弥陀仏をいいます。そして「僧」というのは、南無阿弥陀仏によって結ばれた人々の集まり、つまり、念仏の僧伽（サンガ）のことをいいます。

これら「仏」と「法」と「僧」とは、別々のものであるようにも見えますが、その本質は一つです。「三宝」のすべては、南無阿弥陀仏におさめられているのです。

親鸞聖人は、法然上人によって、南無阿弥陀仏の教えに出遇いました。そしてその後、多くの先達たちも、親鸞聖人が明らかにされたその教えに出遇い、同朋とともに本願の伝統と歴史に生きました。私たちもまた、この伝統と歴史に生きることで、南無阿弥陀仏によって結ばれた僧伽（サンガ）の一員となるのです。

聖徳太子の『十七条憲法』第二条は「其《そ》れ三宝に帰《よ》りまつらずは、何をもってか枉《まが》れるを直《ただ》さん」と結ばれます。三宝に帰依しなければ、現実生活のなかのさまざまな枉《まが》ったことが直されないというのです。

私たち真宗門徒においては、念仏の僧伽の一員となり、ともに教えを聞くことをとおして、現実生活を問い直していくことが願われています。

三　親鸞聖人の聖徳太子との出遇《であ》い

聖人在世時の太子信仰　聖徳太子は日本に仏教をひろめた偉人として、時代を超えて多くの仏教者に影響を与えました。浄土真宗の宗祖・親鸞聖人も影響を受けた一人です。ここではまず、聖人が生きた時代までに人々が受けとめてきた太子のすがたをたどっておきましょう。

太子の没後約百年のちに成立した『日本書紀《にほんしょき》』に、太子が亡くなった時の様子が「日月輝きを失い、天地既《すで》に崩れぬ。今より誰をか恃《たの》まむ」とあります。このように、太子への信仰は早い時期からはじまっていたことがうかがわれます。

その後、多くの太子伝がうまれてきますが、十世紀に成立した『聖徳太子伝暦《でんりゃく》』は、それまでの太子伝の集大成とされ、以後の太子に対するイメージの形成に大きな影響を与えました。

この頃から、聖人も修行した比叡山延暦寺を中心とする天台宗や、奈良の仏教界では、太子を人々の現実によりそい、願いをかなえてくれる観音菩薩の化身としてうやまう動きが強まってきます。

難波の四天王寺や京都の六角堂などには、そうした観音信仰のもとに多くの人々が集うようになりました。また四天王寺は、平安時代後期の頃より、阿弥陀仏の浄土に往生できる地としても人々からうやまわれるようになりました。

「三骨一廟《さんこついちびょう》」の合葬形式をとる磯長《しなが》廟のある叡福寺でも、太子が観音、太子の妃が勢至、太子の母が阿弥陀に配され、阿弥陀三尊になぞらえられて、これが浄土信仰に結びついていきます。その由緒が記された『廟崛偈《びょうくつげ》』には、阿弥陀三尊が人々をあわれみ救うことが書かれていま

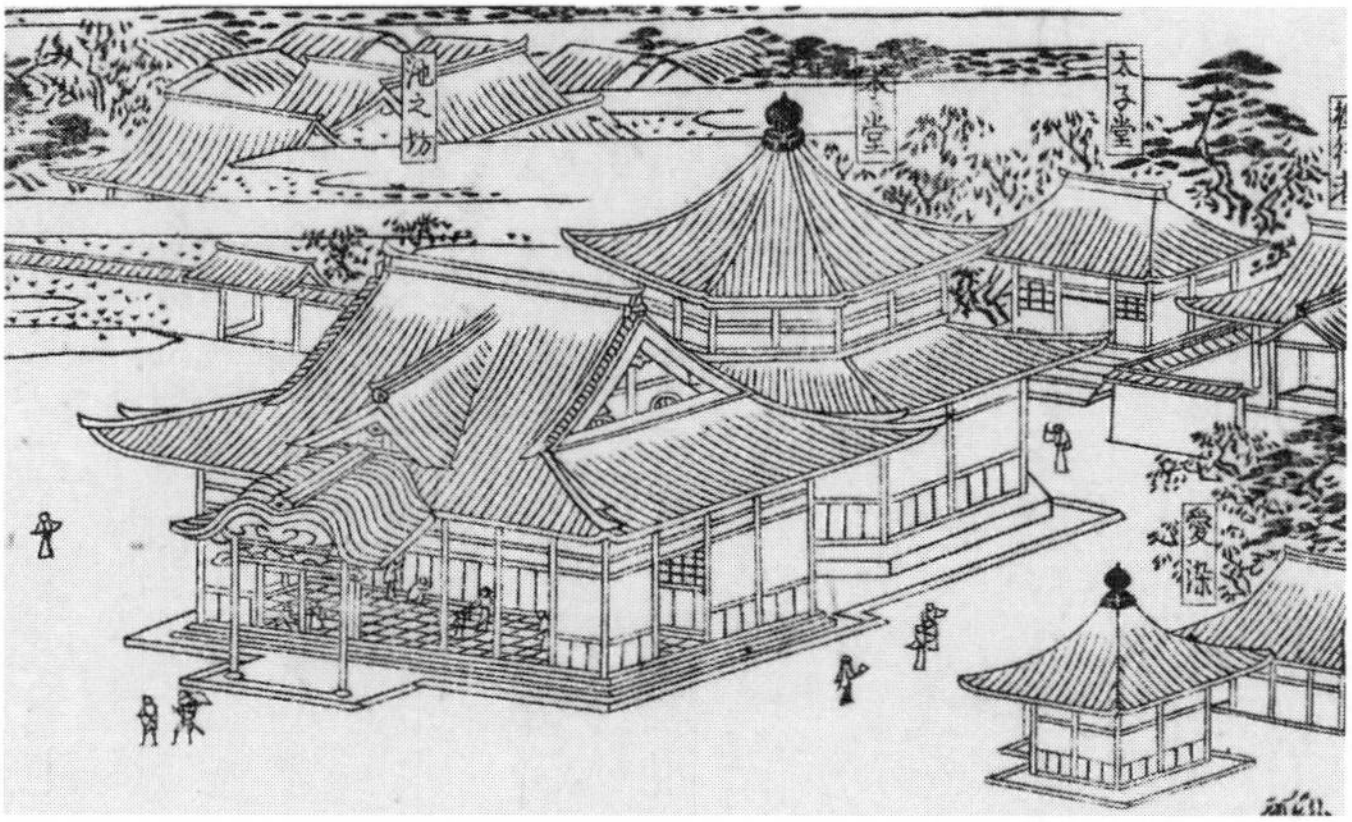

六角堂（『二十四輩順拝図会　一』、真宗大谷派教学研究所蔵）

す。

このように聖人が六角堂に向かい参籠する頃までには、すでに各地の太子ゆかりの寺院で、人々の願いに応え、ともにあゆむ観音への信仰と結びつく形で太子への信仰が高まっていたのです。

六角堂参籠《ろっかくどうさんろう》　聖人は九歳で出家得度され、「範宴《はんねん》」を名のり、比叡山延《ひえいざんえん》暦寺《りゃくじ》で二十九歳まで修行します。

比叡山では、太子も大切にしていた、

あらゆる人々がともにあゆむことができる大乗菩薩道《だいじょうぼさつどう》の精神を掲げています。しかし、修行をつづける聖人にとって、そのことを実感できていないこと、自分中心の心がやまないことが大きな問題となっていたのです。

聖人は、この二十年のあいだに太子を知り、学ぶ機会もあったことが想像されますが、聖人自身は何も語っていません。一説には、聖人は太子ゆかりの法隆寺でも学び、四天王寺や磯長叡福寺に参拝したと伝えられています。この叡福寺には、十九歳の聖人が太子廟に参詣し、太子より夢告を受けたという「磯長の夢告」の伝承があります。

聖人の生涯に、はっきりと太子が登場するのは、比叡山での修行を断ちきり、法然上人《ほうねんしょうにん》の門弟になる決心をした時です。その様子を聖人の妻・恵信尼公《えしんにこう》は、一二六二（弘長二）年、聖人が九十歳で亡くなったのちに、末娘の覚信尼公《かくしんにこう》にあてた手紙のなかで次のように証言しています。

山《やま》を出《い》でて、六角堂《ろっかくどう》に百日こもらせ給《たま》いて、後世《ごせ》を祈《いの》らせ給いけるに、九十五日のあか月、聖徳太子の文《もん》をむすびて、示現《じげん》にあずからせ給いて候《そうら》いければ、やがてそのあか月、出《い》でさせ給いて、後世《ごせ》の助《たす》からんずる縁《えん》にあいまいらせんと、たずねまいらせて、法然《ほうねん》上人にあいまいらせて、

（『真宗聖典』六一六頁）

（あなたの父上は比叡山を出て、六角堂に百日間のお籠《こ》もりに入られ、これからの生き方をいのられたところ、九十五日目の暁《あかつき》に、聖徳太子が偈文《げもん》をもって出現され、お告げを授けられました。すぐ

にまだ暗いうちに六角堂を出発し、これからの人生で救われるご縁に遇いたいと、法然上人のもとをたずね、上人に遇われたのです）

太子の創建と伝わる京都の六角堂頂法寺《ちょうほうじ》は、太子信仰の聖地の一つであり、本尊の如意輪観音《にょいりんかんのん》は太子の本地であるとされ、人々の願いに応じてあらわれる存在と信じられていました。また、夢告を授《さず》ける救世観音としても知られていました。当時の六角堂には、身分を問わず多くの人々がさまざまな罪業感と苦悩をかかえ、参籠《さんろう》におとずれていました。そのなかに聖人もいたのです。

六角堂の夢告　一二〇一（建仁元）年、二十九歳の聖人は、六角堂でこれから進む道を求めて百日間の参籠を始めます。そして九十五日目の暁、まだ空が白む前の暗闇のなか、聖人は夢のなかにあらわれた救世観音より、次のような偈文の言葉を受けます。

行《ぎょう》者《じゃ》宿《しゅく》報《ほう》設《せつ》女《にょ》犯《ぼん》　我《が》成《じょう》玉《ぎょく》女《にょ》身《しん》被《ぴ》犯《ぼん》

一《いっ》生《しょう》之《し》間《けん》能《のう》荘《しょう》厳《ごん》　臨《りん》終《じゅう》引《いん》導《どう》生《しょう》極《ごく》楽《らく》

（『真宗聖典』七二五頁）

（行者よ、はるか昔からの業の報いによって、戒律を破って女犯《にょぼん》することになるならば、私があなたにとって大切な伴侶となり、犯《ほん》せられましょう。そして、生涯を仏道の歩みとなるようともにあゆみ、命終わるときには、浄土へ生まれさせましょう）

聖人は、この観音の言葉によって、罪業をかかえた身のままで人々とともに救われていく道に導かれたのです。比叡山を離れて、「ただ念仏」を教える法然上人の門弟になるという、大きな決心をうながしたのは聖徳太子その人であったと、恵信尼公は聖人より聞いていたのでしょう。聖人はこの時、夢告をとおして太子に出遇ったのです。

そして聖人は、そのまま法然上人の吉水《よしみず》草庵へ向かい、そこでさらに百日間、法然上人より他力念仏の教えを受け、その門弟となりました。のちに聖人は「雑行《ぞうぎょう》を棄《す》てて本願に帰《き》す」（『真宗聖典』三九九頁）と、この時の体験を振り返っており、また法然上人を、阿弥陀如来の智慧の光をあらわす勢至菩薩の化身と仰いでいます。

太子のすがた　六角堂で、聖人が夢のなかで出遇った太子は、救世観音菩薩のすがたをしていました。そのことを、聖人のひ孫で本願寺第三代の覚如上人《かくにょしょうにん》は、聖人三十三回忌の翌年につくった『親鸞伝絵《でんね》』（御伝《ごでん》鈔《しょう》）六角夢想段の詞書《ことばがき》（文章）と絵で伝えています。

六角堂の救世《くせ》菩薩、顔容端厳《げんようたんごん》の聖僧《しょうそう》の形《かたち》を示現《じげん》して、白衲《びゃくのう》の袈《け》裟《さ》を着服《ちゃくぶく》せしめ、広大《こうだい》の白蓮華《びゃくれんげ》に端坐《たんざ》して、善信《ぜんしん》に告命《ごうみょう》してのたまわく、

（『真宗聖典』七二五頁）

（六角堂の救世観音菩薩は、お顔は端整《たんせい》でおごそかで清らかな僧のおすがたをして、白い袈裟《けさ》をまとい、大きな白蓮華に姿勢正しくお坐りになられて、善信〔親鸞〕にお告げになられた）

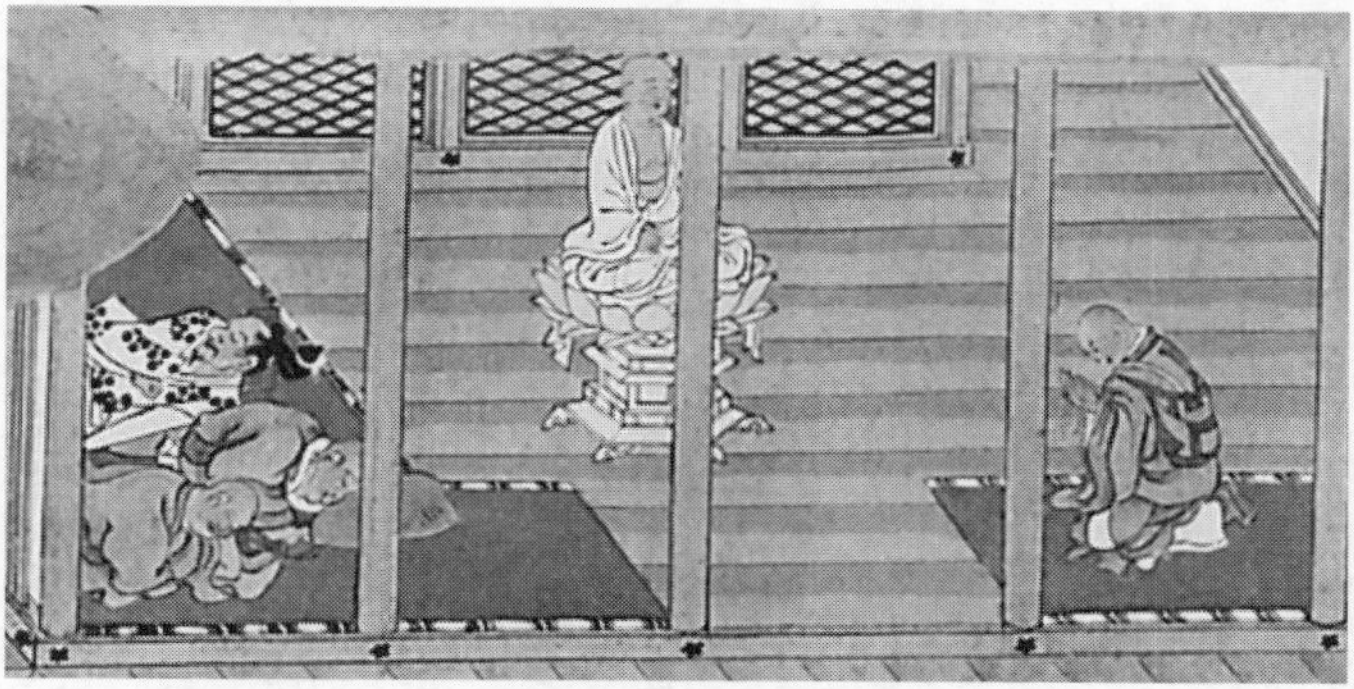

六角夢想（康永本『親鸞伝絵』、東本願寺蔵）

聖人に夢告を授けたのは、清らかな僧のすがたをし、白い袈裟をまとった救世観音でした。覚如上人も「是偏《これひとえ》に上宮太子《じょうぐうたいし》の広徳、山よりもたかく海よりもふかし」(『真宗聖典』七二五頁)と、聖人が夢のなかで太子の本地とされる救世観音に出遇ったことを描《えが》いています。

聖人は、現実のなかで罪業をかかえた人々とともに生き、阿弥陀如来の教えを伝える、観音菩薩の化身としての太子にあらためて出遇っていきました。太子に導びかれ、法然上人に学ぶ、聖人のあゆみがこの時はじまったのです。

コラム4

真宗ゆかりの太子寺院

聖徳太子信仰の篤《あつ》さをあらわすかのように、「太子建立七寺（七大寺）」、また「太子建立四十八寺院」など、多くの寺院が太子創建を伝えています。また、太子信仰の高まりとともに太子をしのぶ霊場として、参拝者を集めた寺院も多く、なかには親鸞聖人が参詣したことを伝える寺院もあります。

京都の頂法《ちょうほう》寺にある六角堂は聖人が参籠したことで知られ、境内にある「親鸞堂」にはこの時の聖人をイメージした「夢想之像」と「草鞋《わらじ》の御影」が安置されています。

『親鸞聖人正統伝《しょうとうでん》』は高田派の五天良空《ごてんりょうくう》が書いた江戸時代の伝説的な親鸞伝として有名ですが、比叡山時代の聖人が各地を巡りながら、学問寺として知られていた法隆寺で学んだこと、また四天王寺にも参拝したことなど、太子ゆかりの寺院との関係を伝えています。

なかでも聖人十九歳の「磯長《しなが》夢告」の伝説で有名な大阪河内の叡《えい》福《ふく》寺は、太子の磯長廟（叡福寺北古墳）を守る寺院として知られ、江戸時代の後半、東本願寺の十九代乗如上人《じょうにょしょうにん》や二十代達如《たつにょ》上人が参拝に訪れています。特に乗如上人は、実際に太子廟内を参詣したとされています。

また叡福寺が所蔵する「聖徳太子御伝絵」は、鳥取県の大谷派寺院出身の日本画家・小早川好古《こばやかわこうこ》（一八八八〜一九七一）によるものです。好古は磯長夢告など多くの仏画を描いています。

小早川好古画「御霊告」
（東本願寺蔵）

二〇二一年は聖徳太子千四百回御忌法要を迎えます。この勝縁が、太子ゆかりの寺院に遺された聖人と真宗門徒の足跡の再発見につながることが期待されます。

四　親鸞聖人の聖徳太子和讃

親鸞聖人の和讃　「和讃」とは、和語で仏の教えを讃えた七五調（今様《いまよう》）の詩歌《しいか》のことです。関東から京都に戻った親鸞聖人は、難しい漢文の言葉をやわらかく和讃にしたものを、生涯で五百首以上つくっています。聖人には、七十四歳制作の『浄土和讃』・『高僧和讃』があり、その後制作した『正像末《しょうぞうまつ》和讃』とあわせて「三帖《さんじょう》和讃」と呼ばれる和讃集があります。それは本願念仏の教えを讃嘆し、七高僧（龍樹《りゅうじゅ》、天親《てんじん》、曇鸞《どんらん》、道綽《どうしゃく》、善導《ぜんどう》、源信《げんしん》、法然《ほうねん》）の生涯と教えを讃えたものでした。

聖人はその後も和讃をつくり続け、八十三歳の頃、『高僧和讃』の末尾に七高僧の名とともに、太子の名とその誕生年を記し、さらに続けて「仏滅後一千五百二十一年にあたれり」（お釈迦さまが亡くなって一五二一年後のことでした）」と記しています。これは太子がまさに末法の時代に誕生したことをあらためて示し、本願念仏の伝統のなかに太子を位置づけたものでした。この頃よりいくつかの太子和讃をつくっていた聖人は、やがて本格的な太子和讃集の制作をはじめ、二百首にもおよぶ「聖徳太子和讃」をつくったのです。

七十五首和讃　親鸞聖人は三つの太子和讃集をまとめています。最初に『皇太子《こうたいし》聖徳奉讃《しょうとくほうさん》』七十五首（『七十五首和讃』）、次に『大日本国粟散《ぞくさん》王《おう》聖徳太子奉讃』百十四首（『百十四首和讃』）、そして最晩年に『皇太子聖徳奉讃』十一首（『十一首和讃』）をつくりました。

　八十三歳の聖人が制作した『七十五首和讃』は、当時流行していた『聖徳太子伝暦』・『四天王寺御手印縁起《ごしゅいんえんぎ》』（ごていんえんぎ）などをもとにした太子伝でした。聖人による自筆本とその書写本のあることが知られ、また古写本が高田専修寺《せんじゅじ》や東本願寺にも所蔵されたことから、広く知られていたことがうかがえます。

『七十五首和讃』には、六角堂、四天王寺、そして『十七条憲法』についての和讃があります。特に第一首（総讃《そうさん》）には聖人の太子観があらわれています。

日本国帰命《こくきみょう》聖徳太子《しょうとくたいし》　仏法弘興《ぶっぽうぐこう》の恩《おん》ふかし
有情《うじょう》救済《くさい》の慈悲《じひ》ひろし　奉讃《ほうさん》不退《ふたい》ならしめよ

（『浄土真宗聖典全書　二　宗祖篇　上』五三七頁）

（私たちが挙《あ》げて帰命すべき聖徳太子よ。あなたが仏法をひろめおこされた恩徳はふかく、人々を救おうとされる慈悲はひろいものです。お

こたることなく太子を讃えましょう)

聖人は太子を観音菩薩の化身・末法の救済者として深く敬愛し、讃仰するために『七十五首和讃』をつくったのです。この姿勢は、やがて太子を「和国の教主」として讃える太子観につながっていくのです。

この和讃の奥書で、聖人は四天王寺で『御手印縁起』を書写したことを記しています。この縁起は、太子による仏法興隆を予言した書として有名でした。太子ゆかりの寺院に参拝して拝見・書写するということは、当時の太子信仰のスタイルでした。四天王寺はすでに浄土信仰の霊場として有名でしたが、聖人が四天王寺による太子信仰にかかわった形跡はあまり見られません。聖人が注目したのは、太子が四天王寺を建立し、そこに救世観音像を安置したことでした。聖人は太子を深く尊敬していましたが、当時の太子信仰をそのまま受け入れていたのではありませんでした。この聖人の独自の姿勢は、のちの浄土真宗における太子の位置づけの基盤となります。

百十四首和讃　八十五歳の聖人が制作した『大日本国粟散王《ぞくさんおう》聖徳太子奉讃』（『百十四首和讃』）は、もっとも多くの和讃を収めた和讃集で、聖人が関東にいた頃から制作を始めていたとする説もあります。

この和讃では、初めに総讃二首を掲げています。

和国《わこく》の教主聖徳皇《きょうしゅしょうとくおう》　広大恩徳謝《こうだいおんどくしゃ》しがたし
一心《いっしん》に帰命《きみょう》したてまつり　奉讃不退《ほうさんふたい》ならしめよ

上宮皇子方便し《じょうぐうおうじほうべん》　和国《わこく》の有情《うじょう》をあわれみて
如来《にょらい》の悲願《ひがん》を弘宣《ぐせん》せり　慶喜奉讃《きょうきほうさん》せしむべし
（『浄土真宗聖典全書　二　宗祖篇　上』五五三頁）

聖人は、ここで初めて太子を「和国の教主」と記し、釈尊のように教えをひろめ、人々とともにあゆんだ方と讃え、またここでも『七十五首和讃』と同様に太子の仏法興隆を讃仰しています。三首目以降は『三宝《さんぽう》絵詞《えことば》』の太子伝をほぼそのまま和讃とし、和讃を唱和することで太子の人生をたどることができるようにしています。
『七十五首和讃』と『百十四首和讃』は一貫して、太子を「仏教興隆」・「有情利益」に尽くした人物として、あるいは日本に仏教がひろまる道を開いた在家の仏教者として、また観音菩薩の化身として讃えています。これが、八十三歳から八十五歳頃の聖人が示された太子讃仰の姿勢でした。

十一首和讃　『皇太子聖徳奉讃』（『十一首和讃』）は、文明本『正像末和讃』に収められています。他の太子和讃と比べると、聖人自身の言葉による太子への讃仰が多く、格調高く詠いあげられています。聖人八十八歳の時につくられたものと推定されています。

この和讃でも聖人は太子を観音菩薩の化身として詠い、この世界で阿弥陀仏の浄土へ往生する道をあゆむという、浄土真宗の仏道に人々をすすめいれ、護持する存在として讃仰しています。ここでの太子は、歴史上の偉人である以上に、人々を真実の世界に導き、父や母のように身近

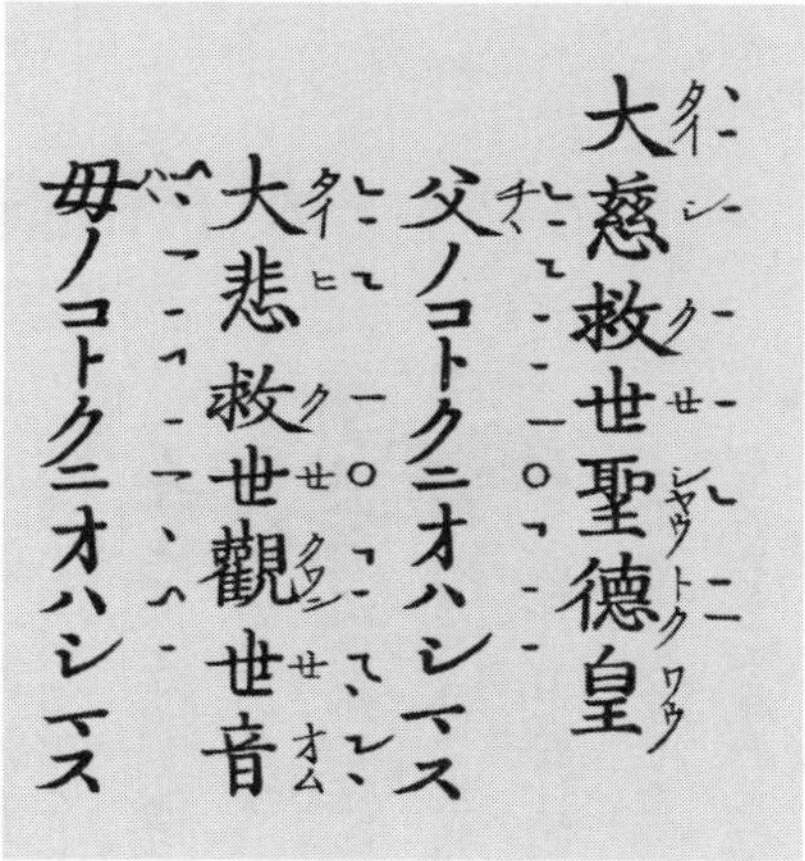

大慈《タイシ》救世《クセ》聖徳皇《シヤウトクワウ》
父《チ》ノコトクニオハシマス
大悲《タイヒ》救世《クセ》観世音《クヮンセオム》
母《ハ》ノコトクニオハシマス

『三帖和讃』「皇太子聖徳奉讃」

なところで私たちを護り育てる存在として仰がれているのです。

この『十一首和讃』を、大谷派では勤行集に収録し、太子を身近な存在として、うやまうよすがとしています。

コラム5

太子和讃の背景

親鸞聖人が生きた時代は、現在のような宗派や教団がなかった時代でした。聖人は浄土宗を開いた法然上人の遺弟《ゆいてい》として、関東で門弟たちとともに念仏の布教をおこなっていたのです。

聖人が京都に帰ったのち、関東の門弟たちは、法然上人の命日である毎月二十五日に教えを聞く場を開いていました。そこでは絵像や名号を本尊として掲げ、聖人がつくった和讃を唱和することで、教えを確かめ合ったのでしょう。

太子信仰がひろまった地域では、太子につなげながら教えを語ることは、有力な布教手段でした。聖人も太子に導かれた一人として、法然上人から受け継いだ本願念仏の伝統のなかに、太子を位置づけていきます。それが太子和讃をつくった理由の一つであり、また門弟たちからの求めに応じたものであったのでしょう。このような事情で、聖人は当時の太子信仰のなかから、自身が受けとめた太子像を語るようになったのです。

八十三歳以降、聖人は太子和讃に加えて、太子伝をまとめた『上宮太子御記《ぎょき》』をつくり、また八十六歳の時には『尊号真像銘文』(広本)に太子の銘文とその注釈を増補しています。また『七十五首和讃』と『上宮太子御記』には磯長廟にある『廟崛偈《びょうくつげ》』の文が記されています。

　聖人が太子和讃など関東の門弟たちに向けた著述をなした背景には、門弟間での念仏の受けとめをめぐる混乱や、社会との対立をうかがわせるものがあります。『七十五首和讃』のなかで、排仏派として太子伝に登場する物部守屋を「つねに仏法を毀謗《きほう》し　有情の邪見をすすめしめ」と詠った和讃がその一つで　守屋のような存在は時代を超えて出現し、影のように寄り添いながら仏教を破壊しようとすることを、太子は見通していたというのでしょう。

　では、仏教に、あるいは念仏の僧伽に危機をもたらす存在は外にだけいるのかといえばそうではありません。守屋のような存在によって心に疑いの闇が生じた念仏者も「守屋」になりうることを、聖人は太子伝から読み取っていたのです。そのことを門弟に宛てた手紙のなかで、「仏法者のやぶるにたとえたるには、「師子《しし》の身中《みのうち》の虫《むし》の師子《しし》をくらうがごとし」」と述べています。

この頃の聖人がつくった太子に関する著述は、当時の太子信仰にもとづき太子の伝記を述べることを主としており、聖人自身の太子の受けとめや感動について述べるのは最晩年の『十一首和讃』においてです。聖人の太子観に展開があったことがうかがえます。

聖人にとっての太子観の基本は、煩悩の身のままで救われる道を進むよう、護り育てる救世観音の化身であるということでした。

一二五七（康元二）年の夢告のちょうど一年前、一二五六（慶長八　康元元）年二月九日、聖人の門弟蓮位《れんに》は、太子が聖人を阿弥陀仏の化身として敬い礼拝する夢を見ています（蓮位夢想、『真宗聖典』七二六頁）。太子が、大切な人を夢のなかで教える存在であるという認識が、門弟にも受け継がれていたのでしょう。

真宗寺院の本堂に掲げられた「聖徳太子孝養像」に描かれた、柄香炉を手にし、三宝に帰依する少年太子のすがたは、かつて僧・日羅が救世観音として敬い礼拝した少年太子と重なります。浄土真宗の聖徳太子像はどのようなすがたに描かれていても、聖人が仰いでいたように、救世観音の化身であったのです。

蓮位夢想（康永本『親鸞伝絵』、東本願寺蔵）

五　真宗寺院の聖徳太子像

多様な太子影像　真宗寺院には、本山からの授与物として、十六歳の時に父・用明天皇の病気平癒を祈願したすがたを描いたとされる太子影像が安置され、これは孝養《きょうよう》像と呼ばれています。このことは、親鸞聖人やその門弟の時代から、強い太子信仰があったことに由来します。

初期の真宗では、関東を中心に、太子への信仰がかなりのひろがりを見せていたことがわかっています。それがもともと関東にひろまっていたものであったのか、聖人の関東での活動にうながされてのものかについては、未解明の部分も多く残されています。いずれにしてもその信仰が盛んであったことは、現在、関東各地の由緒寺院などに遺《のこ》る数々の太子像によってもうかがうことができます。

また、同じく早い時期の真宗では、十三世紀以降、礼拝対象（名号、

聖徳太子立像（茨城県　善重寺蔵）

仏・菩薩、高僧など）を一幅《いっぷく》にまとめた「光明本尊」という絵画が用いられました。その多くには正面向きに立った太子が描かれています。髪の毛が垂れている垂髪《すいはつ》で、柄香炉《えごうろ》をもったすがたで描かれ、その周りには小野妹子や蘇我馬子など六人の臣下《しんか》も描かれています。また、この聖徳太子は名号を中心に、勢至菩薩と対称の位置に描かれており、これは生身の人間としてではなく、観音菩薩の化身として表現されたすがたといえます。

太子孝養像のはじまり　やがて第三代覚如上人によって本願寺が創立され、さらに第八代蓮如上人によって多くの門流をも統合しながら本願寺教団が整備されていくと、太子などさまざまな礼拝対象を安置する形が、現在の真宗の寺院に見られるような、阿弥陀如来や聖人を中心とした

太子と臣下（『光明本尊』部分、大阪府 慧光寺蔵）

荘厳《しょうごん》の形式にまとめられていきました。

そして第九代実如《じつにょ》上人の頃からは、あらためて斜め向きに描かれた単独の太子孝養像が全国の寺院にも授与されていきます。本願寺から授与されたことが確かめられるもっとも古い太子像は、一四八九（延徳元）年、実如上人授与（滋賀県 真宗大谷派観念寺蔵）のものです。

真宗寺院の本堂に太子孝養像が安置されているのは、観音菩薩の化身として、また在家の仏教者の象徴として、私たちを導き、ともにあゆむ存在として、太子を大切にしてきた伝統のあらわれといえるでしょう。太子孝養像の前で太子和讃を唱和することが、在家仏教である真宗の生活のなかで継承されてきたのです。

実如上人時代の孝養像（滋賀県　観念寺蔵）

コラム6

真宗門徒の太子信仰

太子信仰は、東北、関東、北陸、三河、近畿など各地に、地域的特色を持ちながら展開してきました。

東北や関東には、「まいりの仏《ほとけ》」「太子守《もり》」という信仰形態があります。

「まいりの仏」は、親族らが集まって祖先のための仏事をおこなう民間信仰で、正面向垂髪《すいはつ》太子像や太子黒駒登岳図《くろこまとがくず》といった太子の絵像などを礼拝対象とする場合が多くあります。なかには南北朝期にさかのぼる絵像もみられます。

「太子守」とは十四世紀末以降、教団に属することなく、仏堂に阿弥陀如来像と太子像を本尊として、俗聖《ぞくひじり》（半僧半俗の毛坊主《けぼうず》）の形態でその仏事を勤めていた集団です。

「まいりの仏」や「太子守」で、太子に浄土往生を願い、太子を本尊とすることは、親鸞聖人の門弟やその門徒の太子信仰と通底すると考えられます。

また北陸の富山県にある井波《いなみ》別院瑞泉寺《ずいせん》（真宗大谷派）とその周辺地域も、太子信仰の盛んな地域の一つです。

瑞泉寺は一三九〇（明徳元）年、本願寺第五代綽如《しゃくにょ》上人（一三五〇〜九三）によって勅願所として建立されたといわれ、後小松天皇からの授与とされる南無仏太子像（太子二歳像）【口絵2】と太子絵伝八幅を伝えています。

一八一九（文政二）年には太子千二百回忌法要が勤まり、さらに一八四七（弘化四）年、本堂に加えて新たに太子堂が建立されて両堂形式となりました。太子堂は、太子絵伝の絵解きの場として創設されたと考えられます。

ところが一八七九（明治十二）年、瑞泉寺は全焼してしまいます。再建の費用を集めるため、南無仏太子像や絵伝が各地に巡回されました。その地域で明治二十年代頃から、南無仏太子像を道ばたや辻のお堂に安置する集落が増加しました。その太子像は職人らによって制作された石仏・木仏です。このような民俗的な信仰が、門徒民衆に受けいれられることで、より広い人々が真宗の教えに導かれる糸口ともなったのです。

おわりに――和国の教主聖徳皇

一二五七（康元二　正嘉元）年二月九日、八十五歳の親鸞聖人は夢告を受け、その言葉を閏《うるう》三月一日に和讃として書きとめています。

弥陀《みだ》の本願信ずべし　本願信ずるひとはみな
摂取不捨《せっしゅふしゃ》の利益にて　無上覚《むじょうかく》をばさとるなり

（『真宗聖典』五〇〇頁）

この夢告を受けたのは、聖人が、関東の門弟の間で起こった念仏の受けとめ方をめぐる混乱をしずめるため派遣した子息の善鸞《ぜんらん》を義絶《ぎぜつ》した事件の翌年のことでした。また、この二月は、聖人が三十五歳の時、専修念仏を禁止する朝廷の処断が下されてからちょうど五十年目にあたっています。聖人はさまざまな困難に向き合いながら、阿弥陀如来の本願を信じて念仏申し、人々とともに生きることの意味をたしかめていったのです。弥陀の本願を信じるほかに救われる道はない。この夢告を授けたのは誰なのかを聖人は述べませんが、太子について多くの著述をなした時期であることから、夢告の主は太子であったと考えられます。

聖人が太子を、自身を本願念仏に導いた方と示したのは、最晩年の『十一首和讃』で、あらためて「和国《わこく》の教主聖徳皇《きょうしゅしょうとくおう》　広大恩徳《こうだいおんどく》謝しがたし」と讃えた時のことでした。聖人は自身のあゆみのなかで、仏法興隆に尽くした太子の恩徳を想い、さまざまなかたちで語っていったのでした。

弥陀観音大勢至《だいせいし》　大願《だいがん》のふねに乗じてぞ
生死《しょうじ》のうみにうかみつつ　有情《うじょう》をよぼうてのせたまう
（『正像末和讃』、『真宗聖典』五〇五頁）

（阿弥陀仏とその脇侍《わきじ》である観音菩薩・勢至菩薩は、本願の大きな船に乗って、生死の海に浮かんだ苦悩する私たちに呼びかけ、一緒に乗せてくださる）

このように聖人は、和讃のなかで、観音菩薩と勢至菩薩を、この私にもっとも身近なところで阿弥陀如来のいのちと光のはたらきを伝えてくださる存在として讃えています。特に観音菩薩に対しては、その化身であると位置づけられた太子に、聖人はみずからを浄土へ導きつつ、ともにあゆむはたらきを実感したのです。

ともに浄土へのあゆみを進めながら、人々を浄土真宗の仏道にすすめ入れる存在、その象徴こそが聖人が仰いだ聖徳太子でした。親鸞聖人がどのような存在として聖徳太子を仰いだのか、また日本の歴史上、聖徳太子がどのように位置づけられ、仰がれてきたのか。そのことをしっかりと受けとめながら、聖徳太子千四百回忌を機に、私たちも「和国の教主聖徳皇」をたずねていきたいと思います。

略年表

西暦	和暦	太子齢	事項
五七四	敏達　三	一	太子、誕生。（一説に五七二年誕生）
五八三	敏達一二	一〇	百済の僧・日羅来朝、太子を救世観音と敬礼するという。
五八七	用明　二	一四	用明天皇病み、太子、孝養を尽くすが死去。蘇我馬子らと共に物部守屋を討つ。
五九二	崇峻　五	一九	蘇我馬子、崇峻天皇を暗殺。推古天皇即位。
五九三	推古　一	二〇	太子、皇太子・摂政となる。四天王寺を建立するという。
五九四	推古　二	二一	三宝興隆の詔が発布される。
五九五	推古　三	二二	高句麗の僧・慧慈来朝、太子の師となる。
五九七	推古　五	二四	百済の阿佐太子来朝、太子を救世観音と敬礼するという。
六〇一	推古　九	二八	太子、斑鳩宮の造営をはじめる。
六〇三	推古一一	三〇	冠位十二階が制定される。
六〇四	推古一二	三一	『十七条憲法』が制定される。

六〇五	推古一三	三二	太子、斑鳩宮に居を移す。
六〇六	推古一四	三三	太子、『勝鬘経』、『法華経』を講ずる。
六〇七	推古一五	三四	小野妹子ら、隋に派遣される（遣隋使）。一説に法隆寺建立という。
六二〇	推古二八	四七	太子、蘇我馬子と天皇記・国記などを作成。
六二二	推古三〇	四九	太子、斑鳩宮で死去（一説に六二一年死去）、磯長廟に埋葬。太子の妃・橘大郎女、天寿国繍帳を作製。
六四三	皇極　二		蘇我入鹿、斑鳩宮を襲撃、上宮王家滅亡。
六四五	大化　一		蘇我入鹿、中大兄皇子らに暗殺、蘇我宗家滅亡（乙巳の変）。大化改新はじまる。
九一七	延喜一七		一説に『聖徳太子伝暦』成立という。
一〇〇七	寛弘　四		四天王寺で『四天王寺御手印縁起』発見という。

西暦	和暦	親鸞齢	事項
一一七三	承安　三	一	親鸞、誕生。
一二〇一	建仁　一	二九	親鸞、六角堂に参籠し、聖徳太子の夢告を受け、法然の門に入る。
一二〇七	承元　一	三五	親鸞、専修念仏停止により越後国府へ流罪（承元の法難）。
一二五五	建長　七	八三	親鸞、『皇太子聖徳奉讃』七十五首を著す。
一二五六	康元　一	八四	門弟蓮位、聖徳太子が親鸞を阿弥陀如来の化身として礼拝する夢を見る。
一二五七	正嘉　一	八五	親鸞、「弥陀の本願信ずべし」の夢告を受ける。
			親鸞、『大日本国粟散王聖徳太子奉讃』百十四首を著し、『上宮太子御記』を書写する。
一二五八	正嘉　二	八六	親鸞、『尊号真像銘文』に聖徳太子銘文とその注釈などを増補。
			この年までに高田門徒、光明本尊を作製。

一二六〇	文応　一	八八	親鸞、『皇太子聖徳奉讃』十一首、この頃著すという。
一二六二	弘長　二	九〇	親鸞、入滅。
一二六三	弘長　三		恵信尼、娘・覚信尼に書状を送り、夫・親鸞の六角夢想の逸話を伝える。
一四八九	延徳　一		実如、「聖徳太子影像」（最古の太子孝養像）を授与。
一八七〇	明治　三		東本願寺、聖徳太子一二五〇回忌法要。
一九二〇	大正　九		東本願寺、聖徳太子一三〇〇回忌法要。
一九五一	昭和二六		東本願寺、聖徳太子一三三〇回忌法要。
一九七一	昭和四六		東本願寺、聖徳太子一三五〇回忌法要。
二〇二一	令和　三		東本願寺、聖徳太子一四〇〇回忌法要。

はじめて読《よ》む　浄《じょう》土《ど》真《しん》宗《しゅう》の聖《しょう》徳《とく》太《たい》子《し》

発 行 日	2021年4月1日　第1刷発行
	2022年10月1日　第2刷発行
発 行 者	木越　渉
監　　修	東舘紹見
編　　集	真宗大谷派教学研究所
発 行 所	東本願寺出版（真宗大谷派宗務所出版部）
	〒600-8505
	京都市下京区烏丸通七条上る
	TEL　075-371-9189(販売)
	075-371-5099(編集)
	FAX　075-371-9211
印刷・製本	中村印刷株式会社
デザイン	FACTORY

Printed in Japan
ISBN978-4-8341-0632-9　C0015